Impressum
Verlag: BABADADA GmbH, Nedderfeld 112 , 22529 Hamburg
Geschäftsführer / Verlagsleitung: Harald Hof
Druck: Books on Demand GmbH, In de Tarpen 42, 22848 Norderstedt

Imprint
Publisher: BABADADA GmbH, Nedderfeld 112 , 22529 Hamburg, Germany
Managing Director / Publishing direction: Harald Hof
Print: Books on Demand GmbH, In de Tarpen 42, 22848 Norderstedt

學校

dugsi

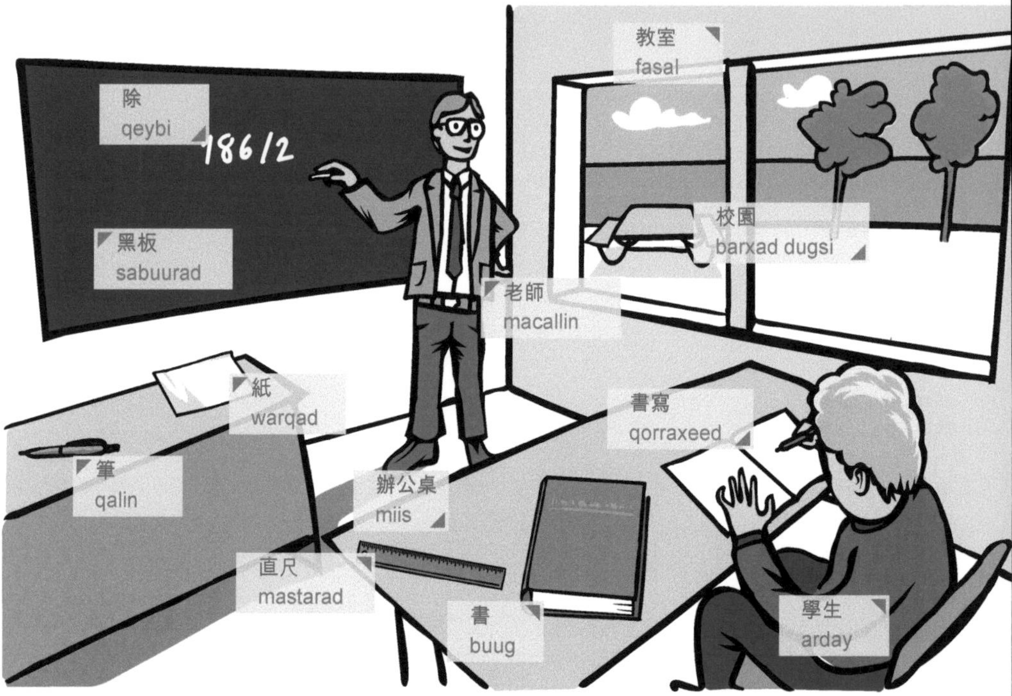
教室
fasal
除
qeybi
186/2
黑板
sabuurad
校園
barxad dugsi
老師
macallin
紙
warqad
書寫
qorraxeed
筆
qalin
辦公桌
miis
直尺
mastarad
書
buug
學生
arday

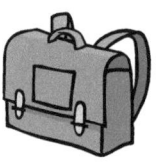

書包

boorso

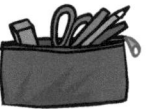

鉛筆盒

kiis qalin-qori

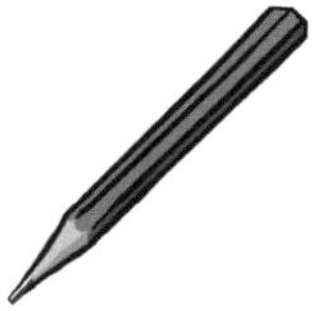

鉛筆

qalin-qori

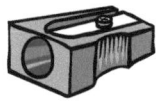

削鉛筆機

koobka qalin qor

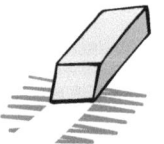

橡皮擦

titirre

畫板

buugga sawirka

圖畫

sawirid

畫筆

burushka midabaynta

顏料盒

gasaca midabaynta

剪刀

maqasyo

膠水

koollo

練習冊

buug qoraal

家庭作業

shaqo-guri

數字

lambar

加

ku dar

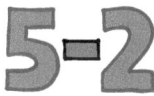

減

ka jar

乘

ku dhufo

計算

xisaabi

字母

warqad

字母表

alifbeeto

字

erey

課文

qoraal

讀

akhri

粉筆

jeesto

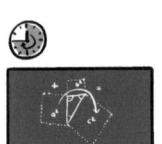

上課

cahsar

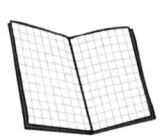

登記

diiwaan

考試

imtixaan

證書

shahaado

校服

direes dugsi

教育

waxbarasho

百科全書

diwaan mowduuceed

大學

jaamacad

顯微鏡

mayskariskoob

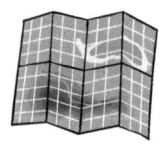

地圖

khariidad

廢紙簍

haan qashin-gur

學校 - dugsi

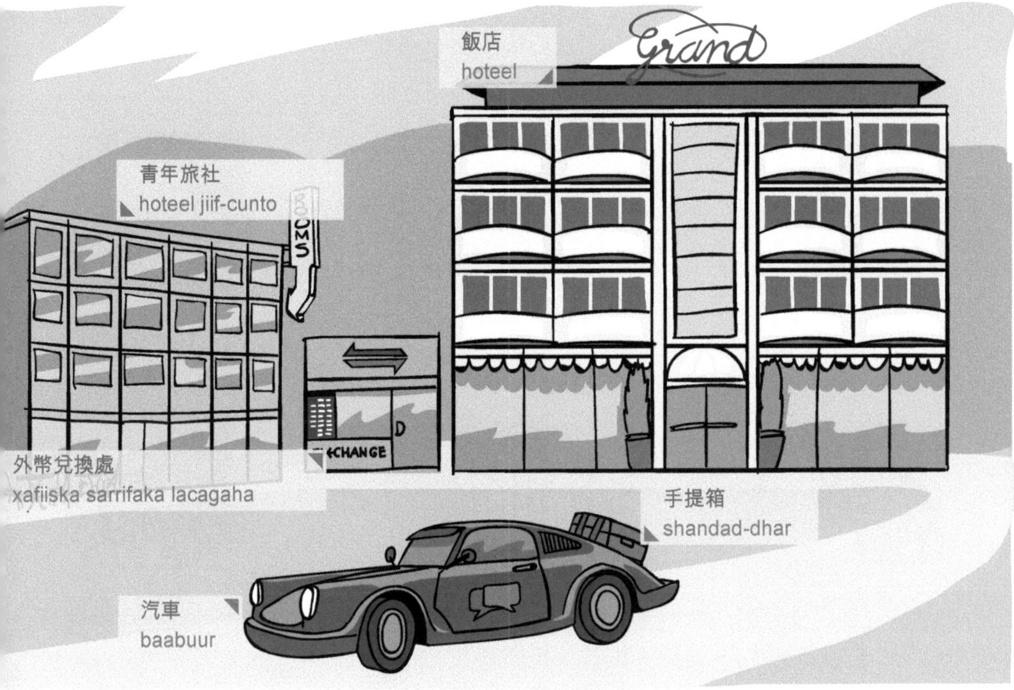

飯店
hoteel
Grand
青年旅社
hoteel jiif-cunto
外幣兌換處
xafiiska sarrifaka lacagaha
手提箱
shandad-dhar
汽車
baabuur

語言
luuqad

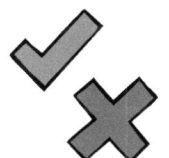

是/否
haa / maya

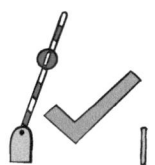

好的
Hagaag

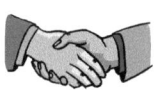

您好
nabad miyaa

翻譯人員
turjumaan

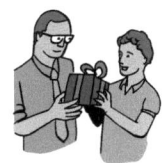

謝謝
Waad mahadsan tahay

……多少錢？

waa immisa…?

我不明白

ma aanan fahamin

問題

dhibaato

晚上好！

galab wanaagsan!

早上好！

subax wanaagsan!

晚安！

habeen wanaagsan!

再見

nabad gelyo

方向

jiho

行李

alaabo

包

boorso

背包

boorso-dhabar

客人

marti

房間

qol

睡袋

katiifad

帳篷

teendho

旅行資訊
xog dalxiis

海灘
xeebta

信用卡
kaar amaah

早餐
quraac

午餐
qado

晚餐
casho

票
rasiid

電梯
wiish

郵票
tiimbare

邊界
xuduud

海關
qeybta-canshuur-bixinta

大使館
safaarad

簽證
dal ku gal

護照
baasaboor

交通運送

gaadiid

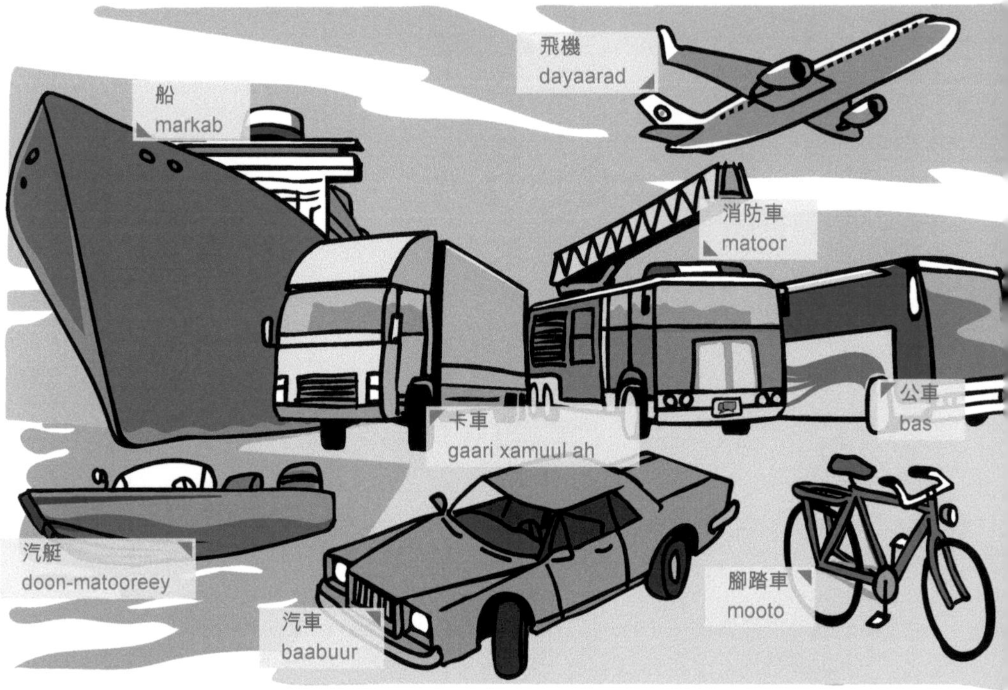

飛機
dayaarad
船
markab
消防車
matoor
公車
bas
卡車
gaari xamuul ah
汽艇
doon-matooreey
腳踏車
mooto
汽車
baabuur

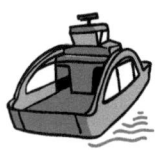

渡輪

doon

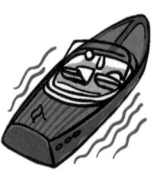

小船

doonnida

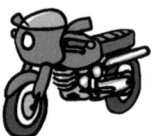

機車

mooto

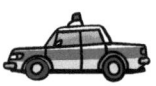

警車

baabuur booliis

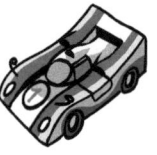

賽車

baabuur baratan

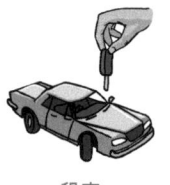

租車

baabuur la-kiraysto

拼車
gaadiid-wadaag

拖車
wiishle

垃圾車
gaari qashin-gure

馬達
matoor

汽油
shidaal

加油站
ajib

交通標識
calaamad taraafiko

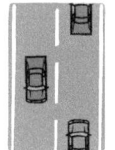

交通
taraafiko

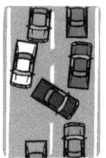

交通堵塞
jaam baabuur

停車場
baarkin-baabuur

火車站
boosteejo tareen

軌道
waddo-tareen

火車
tareen

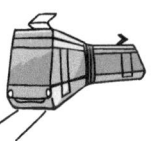

路面電車
taraam

客車廂
gaari faras

直升機

helikobtar

機場

garoonka dayuuradaha

塔

manaarad

乘客

rakaab

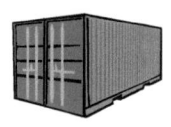

集裝箱

weel

紙板箱

kartoon

手推車

gaari faras

籃子

dambiil

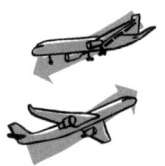

起飛/降落

kicid / degis

城市

magaalo

村莊

tuulo

市中心

faras magaale

房子

guri

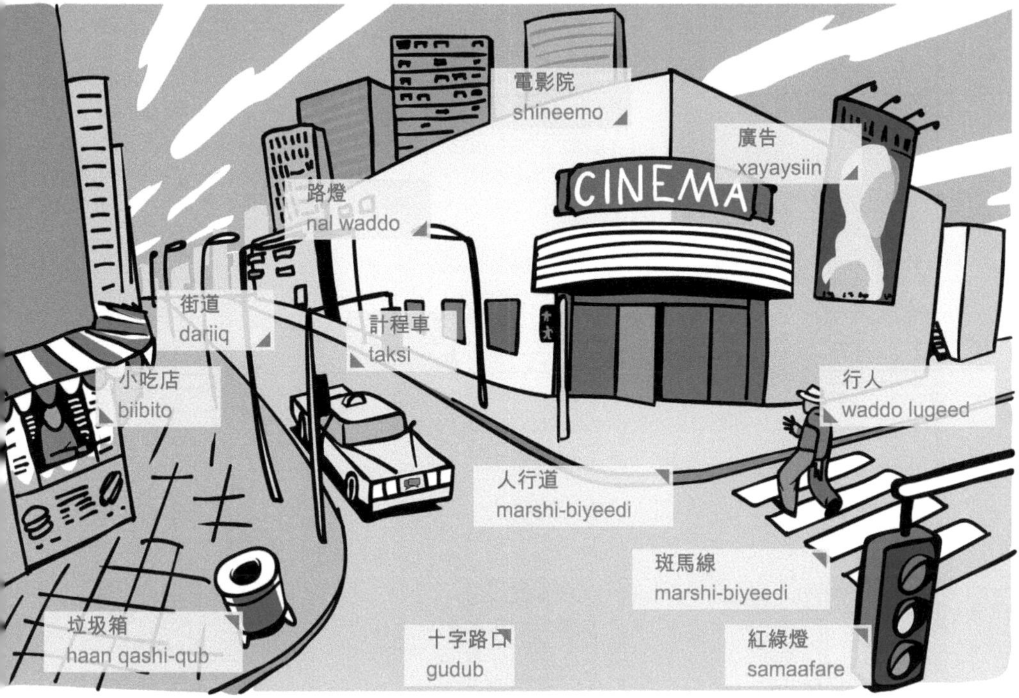

電影院
shineemo
廣告
xayaysiin
CINEMA
路燈
nal waddo
街道
dariiq
計程車
taksi
小吃店
biibito
行人
waddo lugeed
人行道
marshi-biyeedi
斑馬線
marshi-biyeedi
垃圾箱
haan qashi-qub
十字路口
gudub
紅綠燈
samaafare

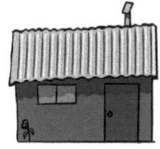

小屋

mundul

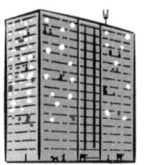

公寓

dabaq

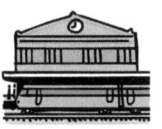

火車站

boosteejo tareen

市政廳

xarunta dowladda-hoose

博物館

matxaf

MUSEUM

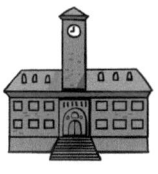

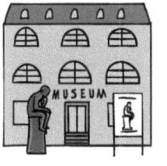

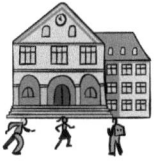

學校

dugsi

大學
jaamacad

銀行
bangi

醫院
isbitaal

飯店
hoteel

藥房
farmasi

辦公室
xafiis

書店
buug shoob

商店
dukaan

花店
dukaan ubax

超市
carwo

市場
suuq

百貨商店
suuq weyne

魚店
kalluun-iibshe

購物中心
suuq

海港
furdo

公園
jardiino

長凳
kursi

橋
buundo

樓梯
jaraanjaro

捷運
waddo-tareen-hoosaad

隧道
waddo-dhul hoose

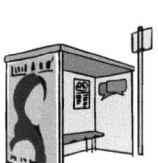

公車站
boosteejo

酒吧
baar

餐館
makhaayad

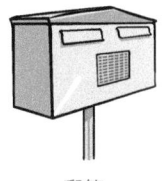

郵筒
sanduuq boosto

路標
calaamad waddo

停車計時器
joogid-cabbire

動物園
beer-xayawaan

游泳池
barkad dabbaalasho

清真寺
masaajid

農場

beer

污染

naqas

墓地

qabuuro

教堂

kaniisad

操場

garoon

寺廟

macbad

地形
muqaal-dhireed

樹葉
caleen

指示牌
calaamad-waddo

路
waddo

草地
seere

石頭
dhagax

樹
geed

徒步旅行者
buur korre

河
webi

草
caws

花
ubax

峽谷
dooxo

丘陵
buur

湖
laag

森林
kayn

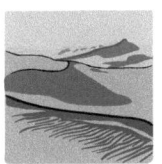

沙漠
saxare

火山
foolkaano

城堡
qasri

彩虹
qaanso-roobaad

蘑菇
barkin-waraabe

棕櫚樹
geed timireed

蚊子
kaneeco

蒼蠅
duqsi

螞蟻
qoraanjo

蜜蜂
shinni

蜘蛛
caaro

甲蟲

dameer-duudeey

青蛙

rah

松鼠

dabagaalle

刺蝟

kashiito

野兔

dabagaalle

貓頭鷹

guumeys

鳥

shimbir

天鵝

boolo-boolo

野豬

doofaar-jilibeey

鹿

deero

麋鹿

faras-duur

水壩

biyo-xireen

風力發電機

tamar-dhaliye

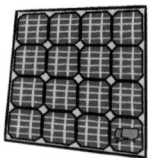

太陽能電池板

soollar

氣候

cimilo

服務生
kabalyeeri

菜譜
warqad qiimo

椅子
kursi

湯
maraq

披薩餅
biise

餐具
alaab

桌布
maro-miis

前菜
af-billow

主菜
cunto bariimo

甜點
macmacaan

飲料
cabitaan

食物
cunto

瓶子
dhalo

速食

cunto diyaarsan

街邊小吃

cunto-waddo

茶壺

jalmad shaah

糖盒

weelka sonkorta

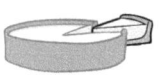

一份飯菜

qayb

義式咖啡機

mashiinka isbareesada

高腳椅

kursi dheer

帳單

biil

托盤

tereey

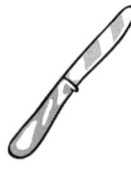

刀

mindi

餐叉

fargeeto

勺子

qaaddo

茶匙

malqacad-shaah

餐巾

shukumaan miis

玻璃杯

galaas

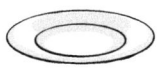

碟子

saxan

湯盤

saxanka maraqa

碟子

saxan

醬

suugo

鹽瓶

weelka cusbada

胡椒研磨罐

basbaas shiide

醋

fixiye

食用油

saliid

調味料

dhandhanaan

番茄醬

suugo

芥末

mastaard

美乃滋

mayoonees

超市

carwo

特價
qiima dhimis qaas ah
FOR
顧客
macmiil
乳製品
caano
水果
miro
購物車
gaariga adeega

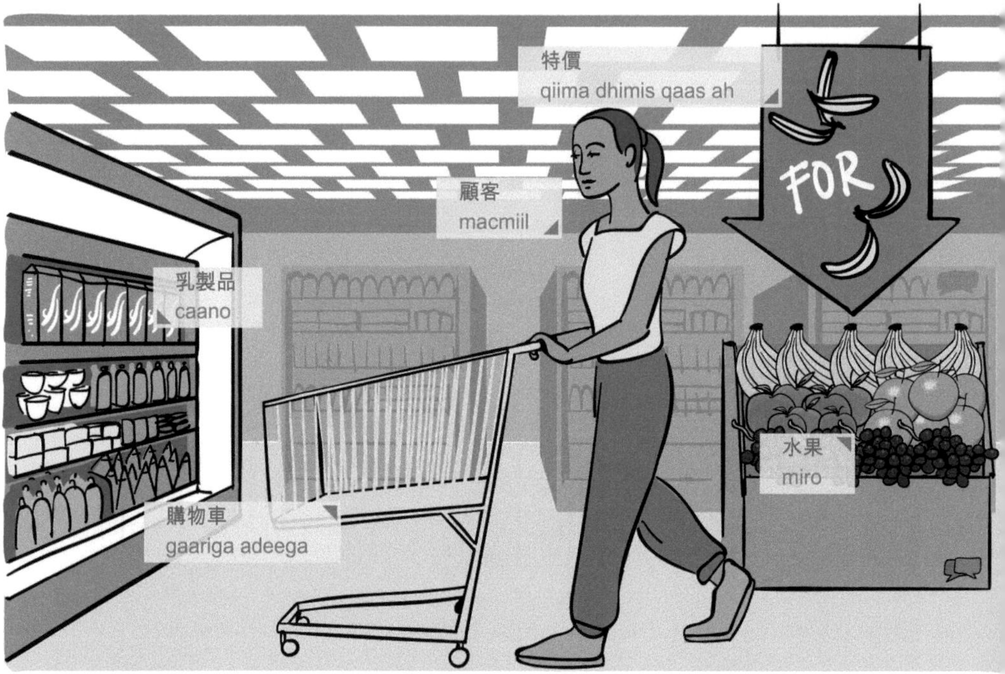

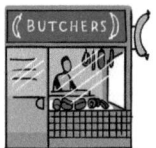

BUTCHERS

肉鋪

kawaan

BAKERY

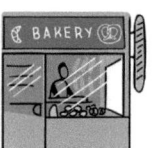

麵包店

foorno

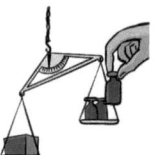

稱重

cabbir

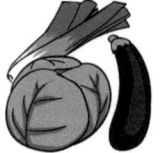

蔬菜

khudaar

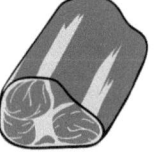

肉

hilib

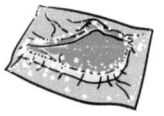

冷凍食品

cunto la qaboojiyay

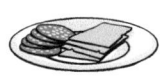

冷盤

hilibka qadada

罐頭食品

cunto gasacadeysan

洗衣粉

oomo

甜食

macmacaan

日用品

alaabada guri

清潔用品

alaabo nadaafad

銷售員

iibshe

收銀機

diiwaan lacagta

收銀員

qasnaji

購物清單

liis adeeg

開放時間

saacadaha shaqo

錢包

shandada jeebka

信用卡

kaar amaah

袋子

bac

塑膠袋

bac

水

biyo

果汁

casiir

牛奶

caano

可樂

kooka-kola

紅酒

khamri

啤酒

biir

酒

khamri

可可

kooke

茶

shaah

咖啡

kafee

義式濃縮咖啡

isberesso

卡布奇諾

koobishiin

香蕉

muus

蘋果

tufaax

柳丁

liin-bambeelmo

西瓜

qare

檸檬

liin

胡蘿蔔

karooto

大蒜

toon

竹子

baambuu

洋蔥

basal

蘑菇

barkin-waraabe

堅果

loos

麵條

baasto

義大利麵

baasto

米飯

bariis

沙拉

salar

薯條

jibsi

炸馬鈴薯

baradho shiilan

披薩餅

biise

漢堡

haambeegar

三明治

saanwij

炸豬排

hilib-jiir

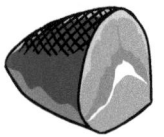

火腿

hilib-doofaar

義大利臘腸

salami

香腸

sooseej

雞肉

hilib-digaag

烤肉

duban

魚

kalluun

燕麥片

sareenta mashaarida

木斯里

quraac isku-dhafan

玉米片

daango

麵粉

bur

牛角麵包

nooc rooti ah

麵包捲

rooti

麵包

rooti

吐司

rooti-la-kulluleeyey

餅乾

buskud

奶油

subag

凝乳

hanti

蛋糕

doolsho

蛋

ukun

煎蛋

ukun shiilan

起司

burcad

冰淇淋

jalaato

糖

sonkor

蜂蜜

malab

果醬

malmalaado

巧克力醬

labeen macmacaan

咖哩

suugo

農場
beer

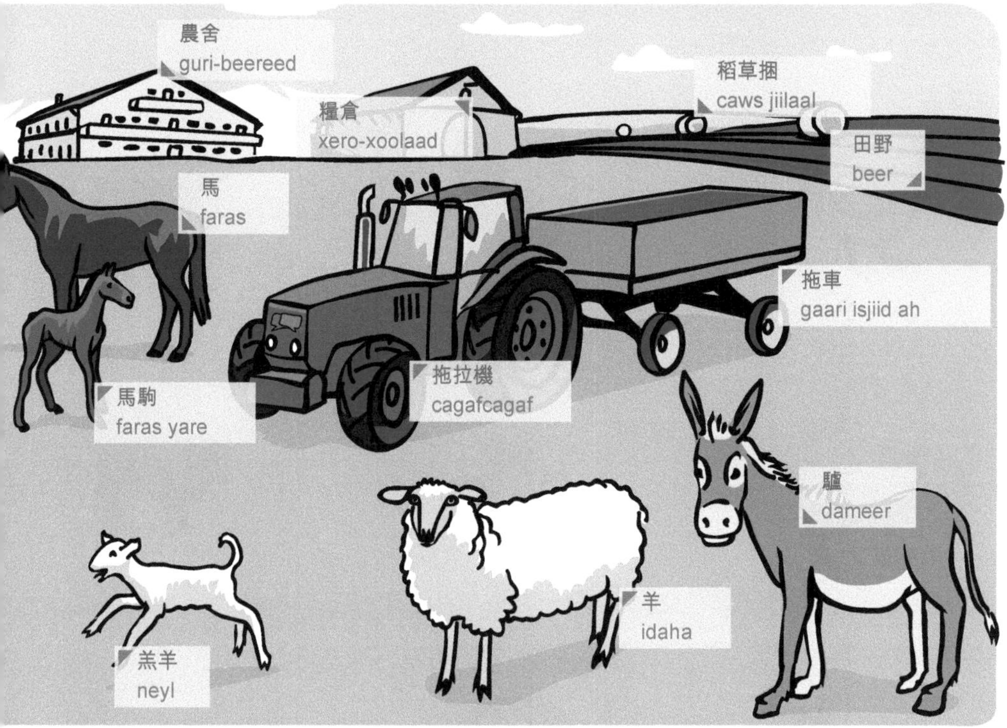

農舍
guri-beereed
糧倉
xero-xoolaad
稻草捆
caws jiilaal
田野
beer
馬
faras
拖車
gaari isjiid ah
拖拉機
cagafcagaf
馬駒
faras yare
驢
dameer
羊
idaha
羔羊
neyl

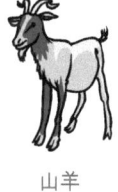

山羊

ri'

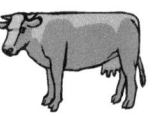

奶牛

sac

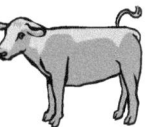

小牛

weyl

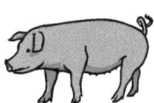

豬

doofaar

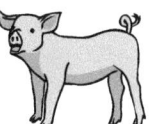

小豬

dhal doofaar

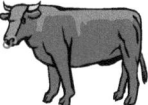

公牛

dibi

鵝

bawaato lab

鴨

bawaato

小雞

jiijiile

母雞

digaag

公雞

diiq

鼠

doolli

貓

bisad

老鼠

jiir

牛

dibi

狗

eey

狗屋

hoyga eeyga

花園澆水軟管

tuubbo waraab

澆水壺

sakeelka waraabinta

長柄大鐮刀

gudin

犁

carro-roge

鐮刀
gudin

鋤頭
yaambo

長柄草耙
fargeeto caws-beereed

斧頭
faas

獨輪手推車
gaari -gacan

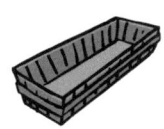

飼料槽
dar

牛奶罐
dhalada caanaha

麻布袋
jawaan

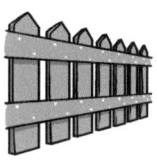

柵欄
deer

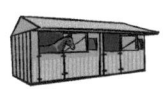

馬廄
xero xooleed

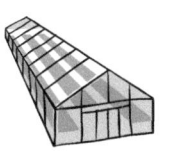

溫室
gur-biqlin-dhireed

土壤
ciidda

種子
abuuka

肥料
bacrimiye

聯合收割機
cagafta beer-goynta

收割

beer-goyn

收割

beer-gooyn

地瓜

moxog

小麥

sarreen

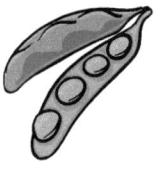

大豆

soya

土豆

baradho

玉米

galley

油菜籽

geed-saliideed

果樹

geed mirood

樹薯

moxog

穀物

firiley

房子

guri

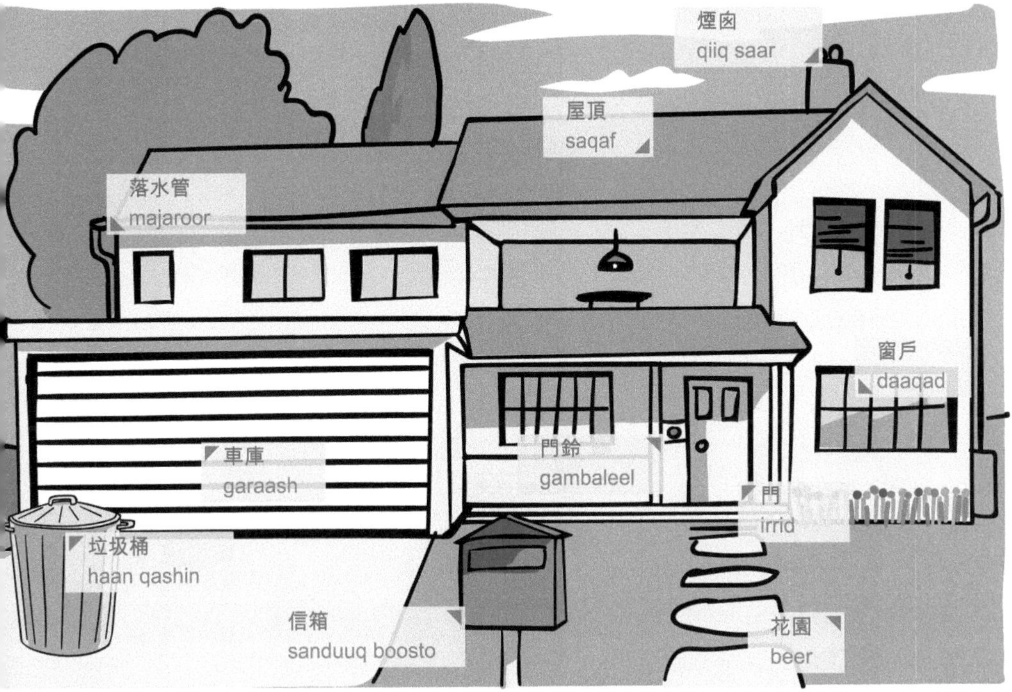

煙囪
qiiq saar
屋頂
saqaf
落水管
majaroor
窗戶
daaqad
車庫
garaash
門鈴
gambaleel
門
irrid
垃圾桶
haan qashin
信箱
sanduuq boosto
花園
beer

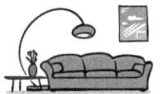

客廳

qol jiib

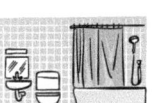

浴室

musqul-qubeys

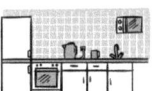

廚房

jiko

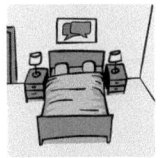

臥室

qolka jiifka

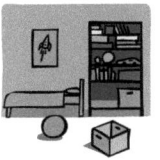

兒童房

qolka ilmaha

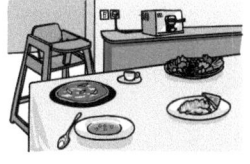

餐廳

qolka cuntada

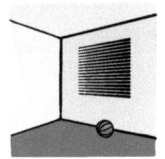

地板
sagxad

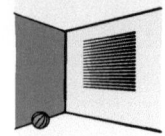

牆壁
derbi

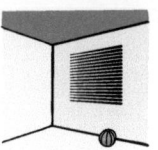

天花板
saqaf

地窖
makhaasiin

三溫暖
soona

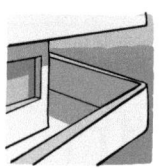

陽臺
balakoon

露臺
daarad

游泳池
barkad

割草機
caws-jare

被單
buste

床罩
go'

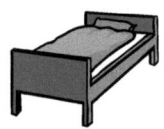

床
sariir

掃帚
xaaqin

水桶
baaldi

開關
daare-damiye

客廳

qol jiib

壁紙
sharaaxd-derbi
相片
sawir
檯燈
feynuus
擱架
qaanad
櫥櫃
armaajo
電視
telefiishan
壁爐
dab-shid
花
ubax
墊子
barkin
沙發
fadhi-carbeed
花瓶
dheri-ubax
遙控器
rimuud

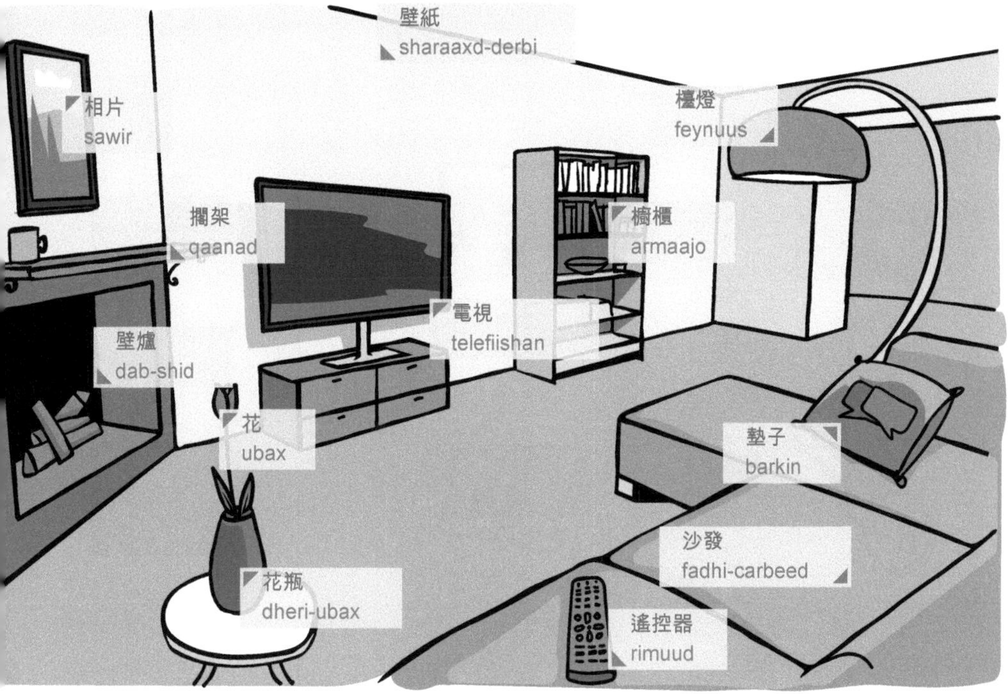

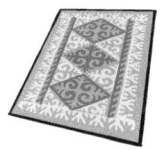

地毯

roog

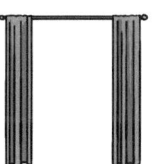

窗簾

daah

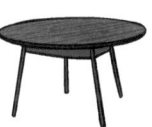

餐桌

miis

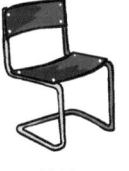

椅子

kursi

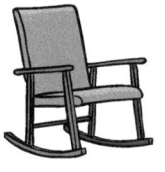

搖椅

kursi wareega

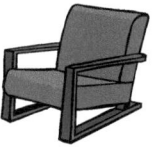

扶手椅

kursi fadhi

書

buug

毯子

buste

裝飾品

qurxin

木柴

xaabo

電影

filin

高傳真音響

cod-baahiye

鑰匙

fure

報紙

wargeys

油畫

rinjiyeyn

海報

tabeelo

收音機

raadiye

筆記本

xusuus-qor

吸塵器

huufar

仙人掌

tiitiin

蠟燭

shumac

廚房
jiko

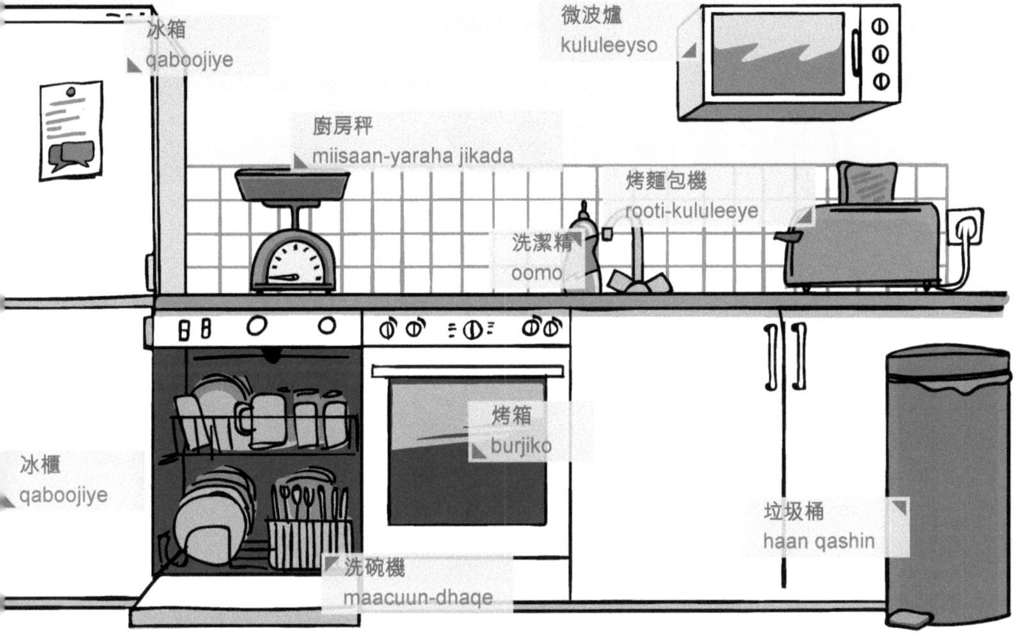

冰箱
qaboojiye
微波爐
kululeeyso
廚房秤
miisaan-yaraha jikada
烤麵包機
rooti-kululeeye
洗潔精
oomo
烤箱
burjiko
冰櫃
qaboojiye
垃圾桶
haan qashin
洗碗機
maacuun-dhaqe

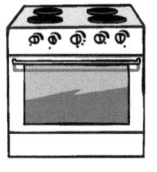

炊具
kuuker

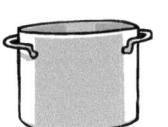

鍋
dheri

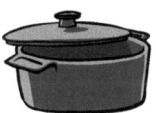

鑄鐵鍋
birtaawo

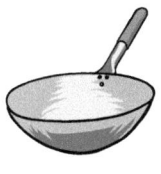

炒鍋
birtaawo

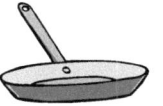

平底鍋
birtaawo

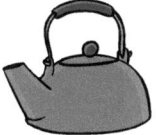

水壺
kirli

蒸鍋

uumiye

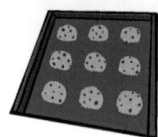

烤盤

saxaarad dubista

陶瓷鍋

maacuun

馬克杯

bakeeri

碗

baaquli

筷子

qoryo wax lagu cuno

長柄勺

malqacad

鏟子

qaado

攪拌器

folow

濾網

miire

篩子

shashaq

磨碎機

qudaar-jare

研缽

mooye

燒烤

hilib-sol

明火

dab

菜板
alwaaxa wax-jar-jarka

擀麵杖
ul jabaati

開瓶器
guf-saare

罐子
gasac

開罐器
gasac-fure

隔熱手套
istaraasho-jiko

水槽
saxanka-alaab-dhaqa

刷子
caday

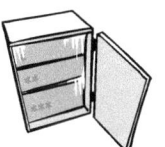

海綿
isbuunyo

攪拌機
shiide

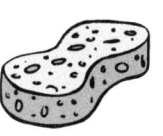

冷藏箱
qaabojin qoto-dheer

奶瓶
masaasad

水龍頭
tuubbo

浴室
musqul-qubeys

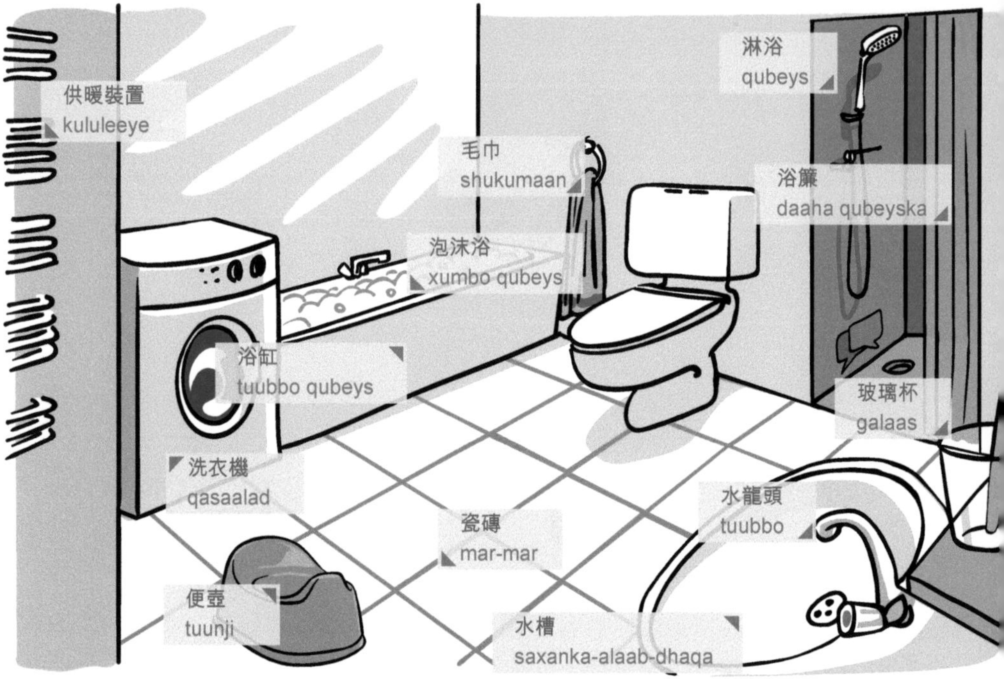

供暖裝置
kululeeye

淋浴
qubeys

毛巾
shukumaan

浴簾
daaha qubeyska

泡沫浴
xumbo qubeys

浴缸
tuubbo qubeys

玻璃杯
galaas

洗衣機
qasaalad

水龍頭
tuubbo

瓷磚
mar-mar

便壺
tuunji

水槽
saxanka-alaab-dhaqa

廁所
musqul

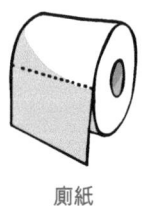

蹲便器
musqusha fadhiga

坐浴器
siin

小便斗
weel kaadi

廁紙
tiish musqul

馬桶刷
burushka musqusha

牙刷
caday

牙膏
daawo caday

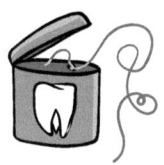

牙線
dunta ilka farashada

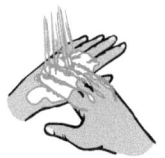

洗
dhaq

手持式蓮蓬頭
gacan qubeys

沖洗器
tuubo-musqul

洗臉盆
beeshin

洗背刷
burush-qubeys

肥皂
saabuun

沐浴露
shaambo

洗髮乳
shaambo

法蘭絨
cago-saar

排水
biyo-saare

乳霜
kareem

除臭劑
carfiso

鏡子

muraayad

手鏡

muraayad gacmeed

刮鬍刀

sakiin

刮鬍泡沫

xumbada xiirashada

鬚後水

daawo gar-xiir

梳子

shanlo

刷子

burush

吹風機

fooneeye

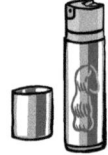

噴髮定型劑

timo-buufis

化妝品

waji-qurxiye

唇膏

rooseeto

指甲油

cidiyo-nadiifiye

化妝棉

dun

指甲剪

cidiyo-jar

香水

baarafuun

洗漱包
boorso-wajidhaq

凳子
saxaro

計重秤
miisaan culays

浴袍
dhar-qubeys

橡膠手套
gacma gashi cinjir

衛生棉條
tambooni

衛生棉
tiimshe

化學廁所
musqul kiimiko

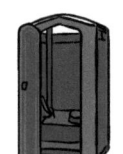

兒童房

qolka ilmaha

鬧鐘
saacadda dhawaaqda
毛絨玩具
boombale caruur
玩具車
baabuur caruureed
撥浪鼓
sanqadh
玩具屋
guriga caruusada
禮物
hadiyad

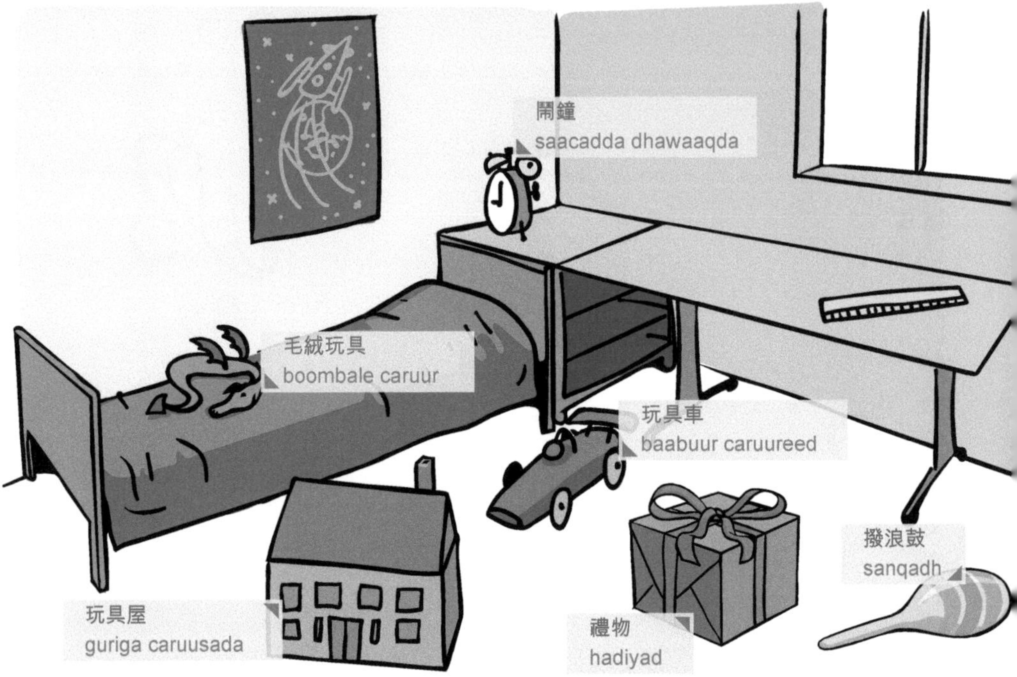

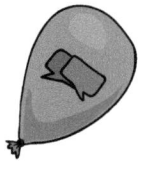

氣球

buufin

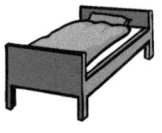

床

sariir

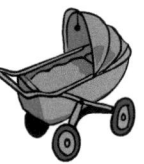

嬰兒車

gaariga caruurta

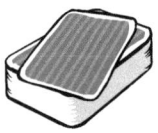

撲克牌

turub

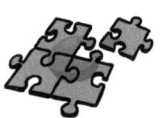

拼圖

miinshaar

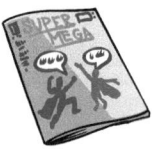

漫畫

maad

樂高積木
bulkeeti boombale ah

積木玩具
tooy

公仔
sanam

嬰兒服
isku-jooga dhallaanka

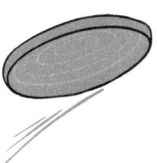

飛盤
aalad cayaar

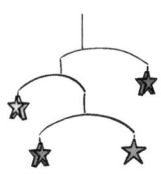

床鈴玩具
moobaayl

棋盤遊戲
khamaar

骰子
laadhuu

火車模型
moodo tareen

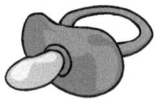

安撫奶嘴
boombale

派對
xaflad

繪本
buug sawirro

球
kubbad

洋娃娃
boombale

玩
cayaar

沙坑

dhoobo-dhoobeey

鞦韆

wiifoow

玩具

alaab-alaabeey

電玩遊戲

geemka gacanta laga hago

三輪車

baaskiil

泰迪熊

boombale

衣櫃

armaajo dhar

衣服

dhar

襪子

sigisaan

長襪

sigsaan haween

緊身褲

surwaal-dhuuqsan

圍巾
masar

雨傘
dallad

T恤
funaanad

皮帶
suun

靴子
kabo buud

拖鞋
dacas

運動鞋
kabo tababar

涼鞋
saandalo

鞋
kabo

雨靴
kabo roob

內褲
hoos-gashi

胸罩
rajabeeto

背心
garan

身體

jir

褲子

surwaal

牛仔褲

surwaal jeenis

短裙

goono

女式襯衫

canbuur

襯衫

shaati

套頭衫

funaanad-dhaxameed

連帽上衣

garan dhaxameed

西裝夾克

jaakad fudud

夾克

jaakad

外套

koodh

雨衣

koodhka roobka

套裝

dhar-munaasabadeed

連衣裙

labbis

婚紗

lebbis aroos

西裝
suut

睡袍
dhar-hurdo

睡衣
bajaamo

莎麗
saari

頭巾
masar

包頭巾
cimaamad

波卡
cabaayad

卡夫坦
saako

(阿拉伯式)長袍
cabaayad

泳衣
dharka-dabaasha

男式泳褲
dabo-gaabyo

短褲
surwaal-dabagaab

運動服
taraak-suut

圍裙
dufan-dhowr

手套
gacmo gashi

鈕扣

galluus

眼鏡

ookiyaale

手鏈

jijin

項鍊

silis

戒指

faraati

耳環

dhego dhego

便帽

koofiyo

衣架

katabaan

帽子

koofiyad

領帶

garabaati

拉鍊

jiinyeer

安全帽

helmed

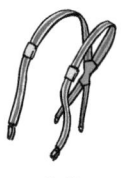

背帶

ilko-reeb

校服

direes dugsi

制服

direes

圍兜

cayo-dhowr

安撫奶嘴

boombale

尿布

maro-dufeed

辦公室

xafiis

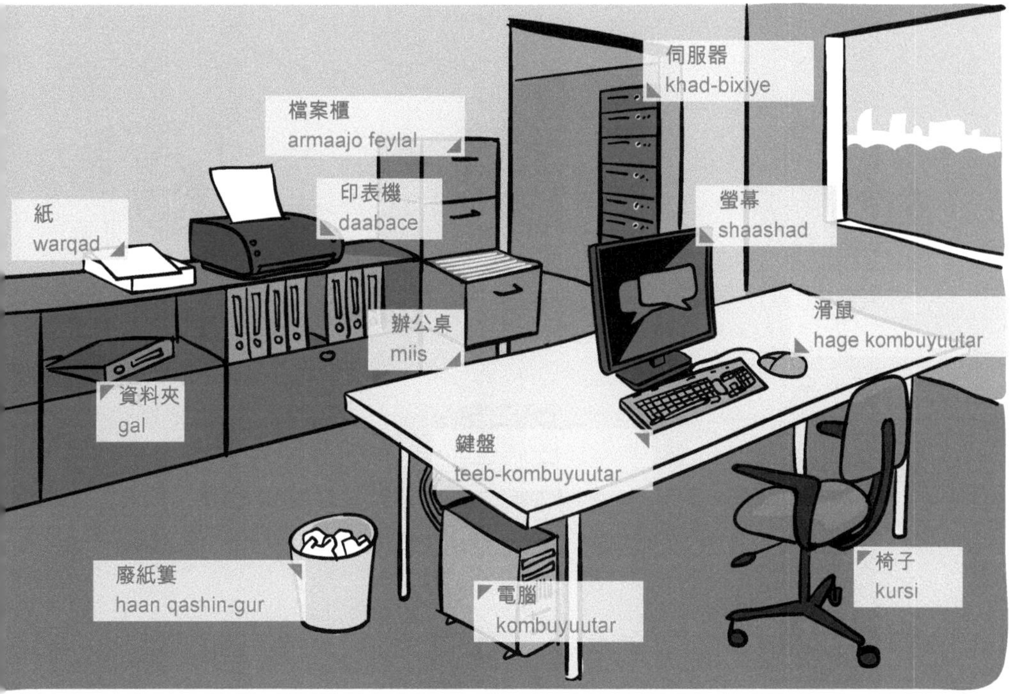

伺服器
khad-bixiye

檔案櫃
armaajo feylal

印表機
daabace

螢幕
shaashad

紙
warqad

辦公桌
miis

滑鼠
hage kombuyuutar

資料夾
gal

鍵盤
teeb-kombuyuutar

廢紙簍
haan qashin-gur

電腦
kombuyuutar

椅子
kursi

咖啡杯

koob kafee

計算機

kalkuleytar/xisaabiye

網際網路

internet

筆記型電腦
laabtoob

信件
bakhshad

簡訊
fariin

行動電話
moobaayl

網路
shabakad-kombuyuutar

影印機
footokoobi

軟體
barnaamij-kombuyuutar

電話
telefoon

插座
god koronto

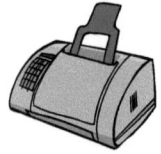

傳真機
mishiinkan fax-ka

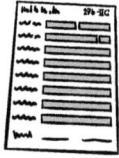

表格
foomka

檔案
dokumenti

買
iibso

付錢
bixi

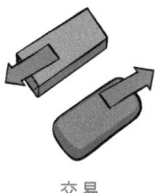

交易
ganacso

現金
lacag

USD

美元
doollar

EUR

歐元
yuuro

JPY

日元
yenka jabbaan

RUB

盧布
robolka ruushka

CHF

瑞士法郎
Franka iswiiska

CNY

人民幣
lacagta shiinaha

INR

盧比
rubiyada hindiga

提款處
maqal

外幣兌換處

xafiiska sarrifaka lacagaha

金

dahab

銀

qalin

石油

shidaal

能源

tamar

價格

qiime

合約

qandaraas

稅金

canshuur

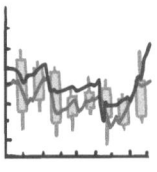

股票

raasumaal

工作

shaqee

職員

shaqaale

老闆

shaqaaleysiiye

工廠

warshad

商店

dukaan

職業

shaqooyin

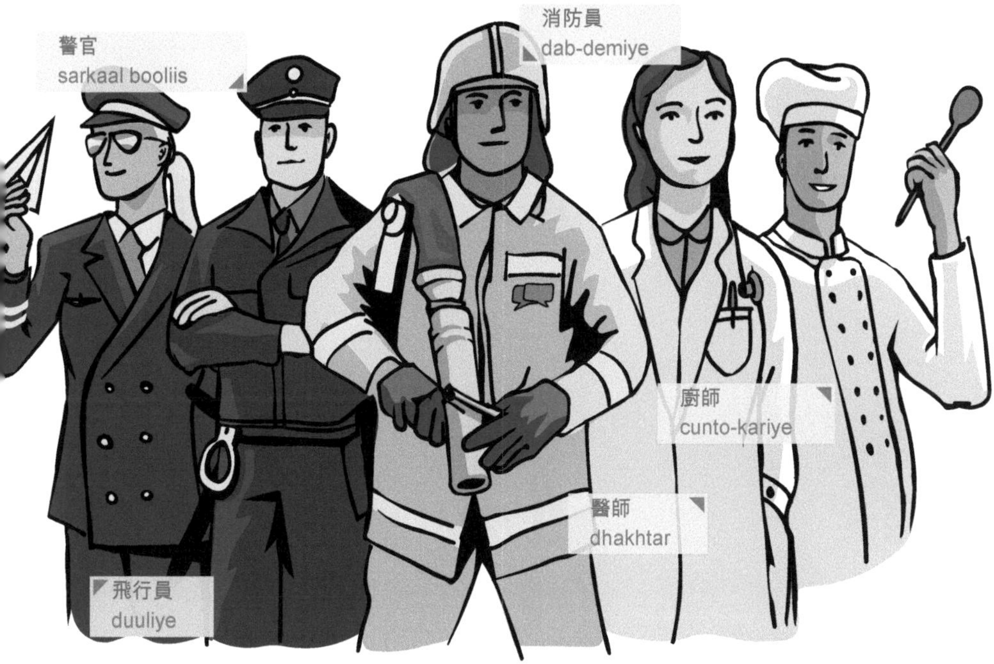
警官
sarkaal booliis
消防員
dab-demiye
廚師
cunto-kariye
醫師
dhakhtar
飛行員
duuliye

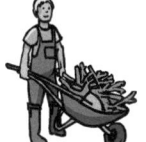

園丁

beeralley

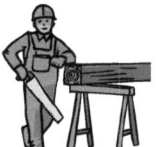

木匠

nijaar

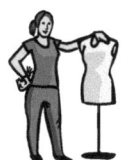

裁縫

timo-qurxiso

法官

qaaddi

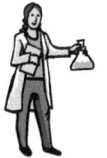

化學家

farmashiiste

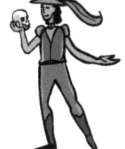

演員

jile

公車司機
darawal bas

計程車司機
taksiile

漁夫
kalluumeyste

清洗女工
nadiifiso

屋頂工
saqaf-dhise

服務生
kabalyeeri

獵人
ugaarsade

畫家
rinjiile

麵包師
rooti-dube

電工
koronto-yaqaan

建築工人
dhise

工程師
injineer

屠夫
kawaanle

水管工
tuubbiiste

郵差
boostaale

士兵

askari

建築師

injineer-dhismo

收銀員

qasnaji

花農

ubax-yaqaan

理髮師

timo-jare

售票員

kiro-uruuriye

機械技師

makaanik

船長

kabtan

牙醫

dhakhtar-ilko

科學家

saaynisyahan

拉比

wadaad yahuud

伊瑪目

imaam

和尚

xerow

牧師

wadaad

工具
qalab

鐵錘
dubbe
鉗子
biinsi
螺絲起子
kashawiito
扳手
kiyaawe
手電筒
toosh

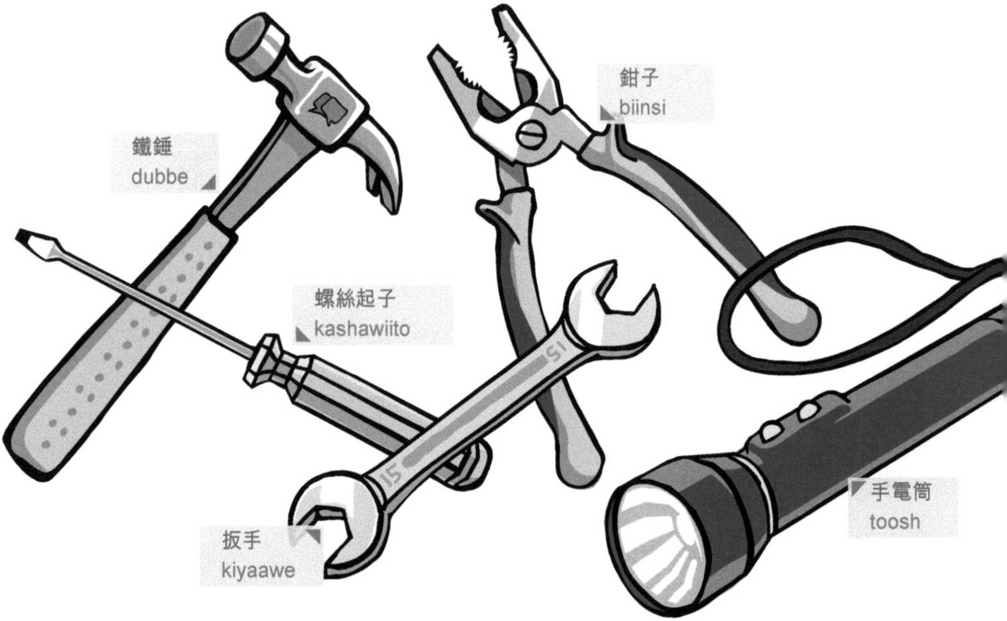

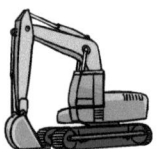

挖掘機

dhul-qoddo

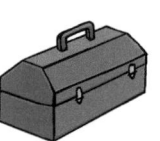

工具箱

qalab-xajiye

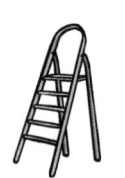

梯子

jaraanjaro

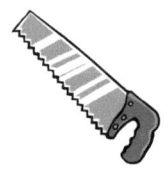

鋸子

miinshaar

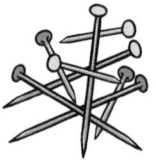

釘子

musbaarro

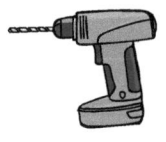

鑽機

dalooliye

修
dayactir

鏟子
badiil

糟糕！
inkaar kugu dhacday!

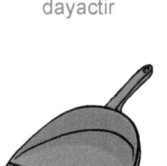

畚箕
bus-xaabiye

油漆桶
gasacad rinji

螺絲
boolal

樂器
qalab muusiko

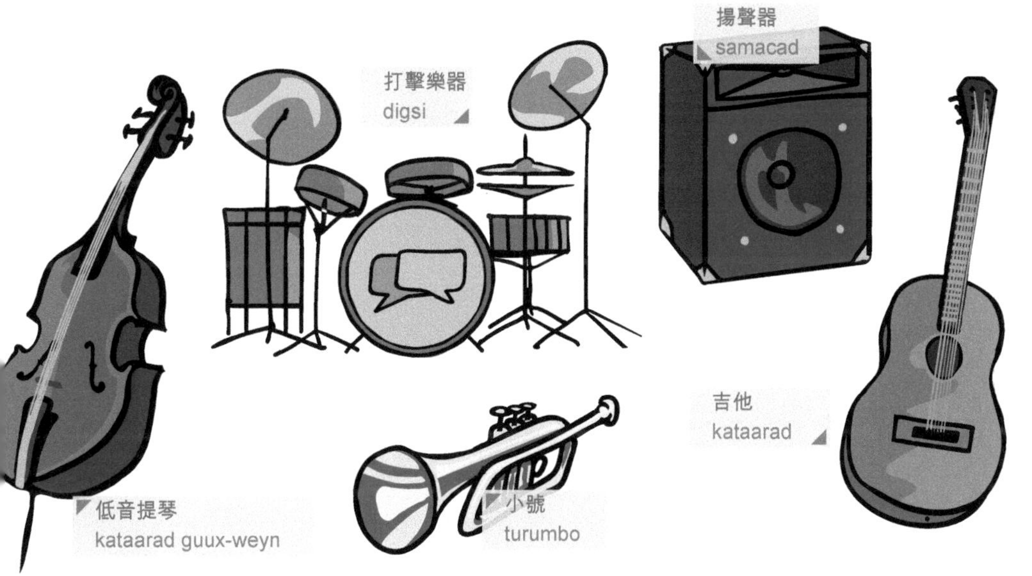

揚聲器
samacad

打擊樂器
digsi

吉他
kataarad

低音提琴
kataarad guux-weyn

小號
turumbo

鋼琴

biyaano

小提琴

fiyooliin

貝斯

karaarad guux-dheer

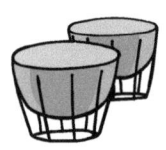

定音鼓

durbaan-sheegagle

鼓

durbaan

電子琴

loox-xarfeed-biyaano

薩克斯風

turumbo

長笛

siin-baar

麥克風

makarafoon

動物園

beer-xayawaan

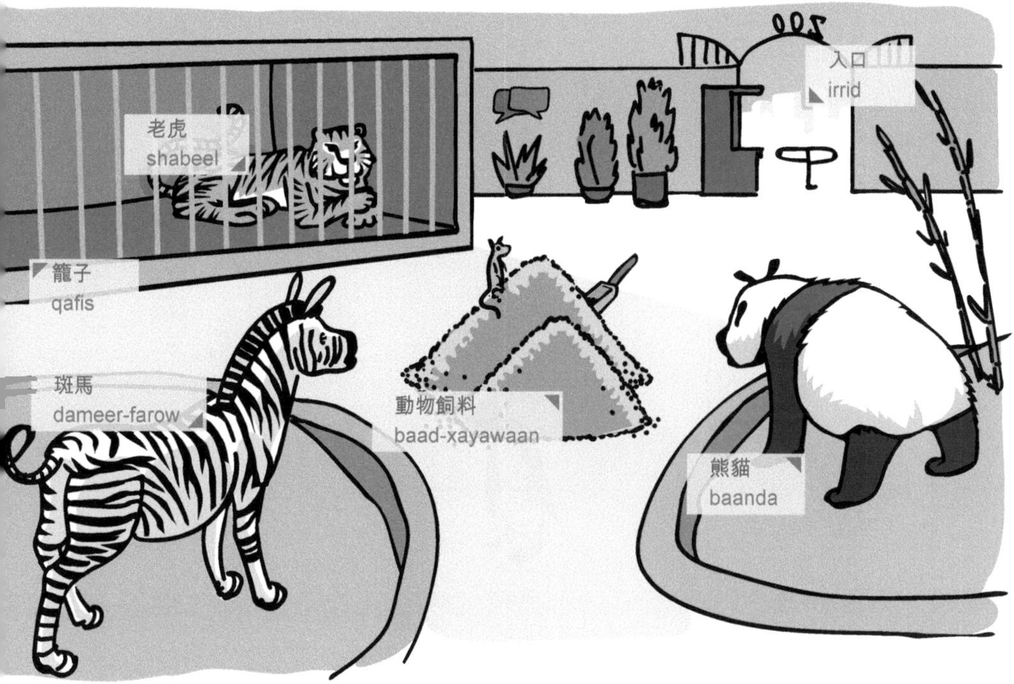
zoo
入口
irrid
老虎
shabeel
籠子
qafis
斑馬
dameer-farow
動物飼料
baad-xayawaan
熊貓
baanda

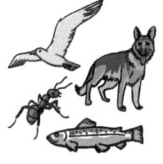

動物

xayawaan

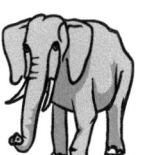

大象

maroodi

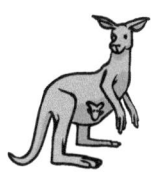

袋鼠

kaangaruu

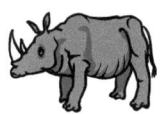

犀牛

wiyil

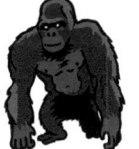

大猩猩

goriille

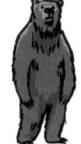

熊

oorso

駱駝

geel

鴕鳥

gorayo

獅子

libaax

猴子

daanyeer

紅鶴

xiita-luga-dheer

鸚鵡

baqbaqaa

北極熊

oorso baraf-ku-nool

企鵝

shimbir baraf

鯊魚

libaax-badeed

孔雀

daa'uus

蛇

mas

鱷魚

yaxaas

動物園管理員

beer-xayawaan ilaaliye

海豹

bahal kalluun-cun

美洲豹

shabeel-u-eke

矮種馬

dhal faras

豹

harmacad

河馬

jeer

長頸鹿

geri

老鷹

gorgor

野豬

doofaar-jilibeey

魚

kalluun

龜

qubo

海象

maroodi-badeed

狐狸

dawaco

羚羊

deero

橄欖球
kubadda-cagta maraykanka

騎腳踏車
tartanka bashkuleetiga

網球
kubbadda miiska

籃球
kubbadda koleyga

游泳
dabaal

拳擊
cayaarta feerka

冰球
hookiga barafka lagu c

美式足球

kubadda cagta

羽毛球

baadminton

田徑

ciyaaraha fudud

手球

kubadda gacanta

滑雪

iskii/ciyaarta barafka

馬球

cayaar-faras

跳
boodid

擁抱
hab-siin

笑
qosol

走路
soco

唱
hees

做夢
riyo

祈禱
duceyso

親吻
dhunkasho

書寫
qorraxeed

畫
masawirid

展示
muuji

推
riix

給
sii

拿
qaado

有
haysasho

做
samee

當
ahaansho

站
istaag

跑
orod

拉
jiid

丟
tuur

摔倒
dhicid

躺
been-sheegid

等待
sug

攜帶
qaad

坐
fariiso

穿衣
labiso

睡覺
seexo

醒來
toos

看
fiiri

哭
ooy

擊
dhuftay

梳頭
shanleyso

交談
hadal

明白
faham

問
weydii

聽
dhageysasho

喝
cab

吃
cun

清理
habee

愛
jacayl

做飯
kari

開車
kaxee

飛
duulid

活動 - hawlo

65

航行

shiraaco

計算

xisaabi

讀

akhri

學習

barasho

工作

shaqee

結婚

guurso

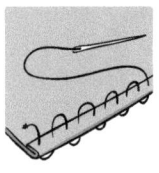

縫

tol

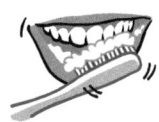

刷牙

cadayso

殺

dilid

抽菸

sigaar cab

寄

dir

家

qoys

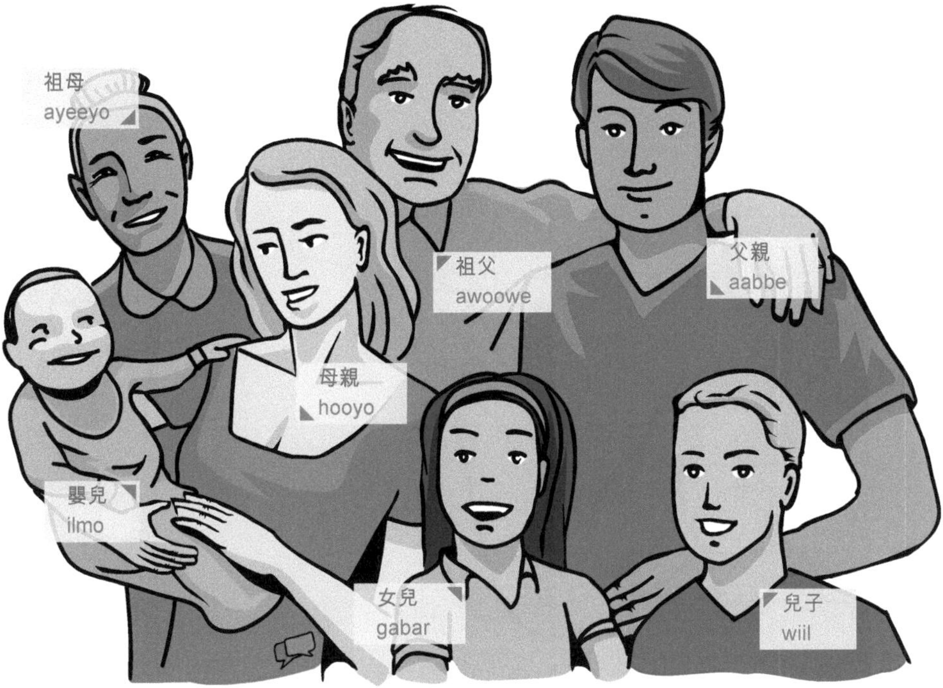

祖母
ayeeyo
祖父
awoowe
父親
aabbe
母親
hooyo
嬰兒
ilmo
女兒
gabar
兒子
wiil

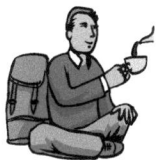

客人

marti

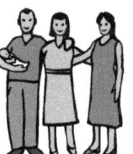

阿姨

eeddo

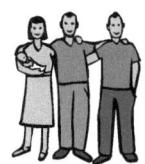

叔叔

adeer

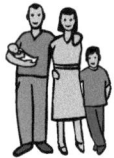

兄弟

walaal rag

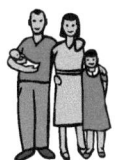

姐妹

walaal dumar

身體

jir

前額
fool
眼睛
il
肩膀
garab
手指
far
臉
weji
下巴
gar
手
gacan
腿
lug
乳房
naas
手臂
cudud

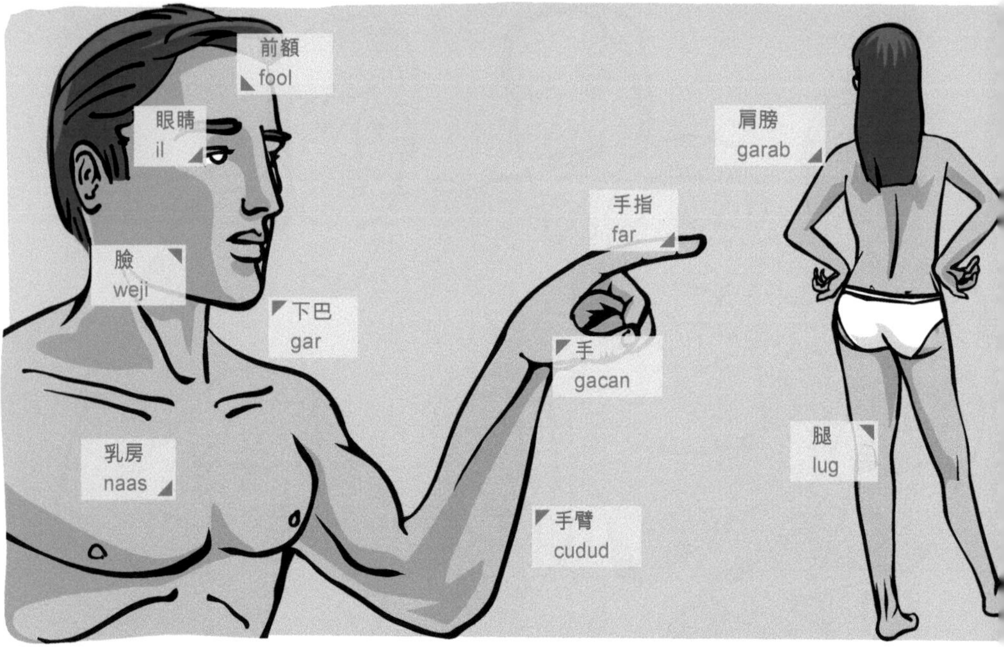

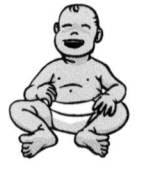

嬰兒

ilmo

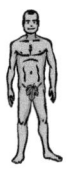

男人

nin

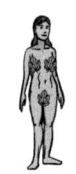

女人

naag

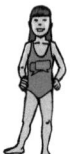

女孩

gabar

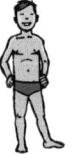

男孩

wiil

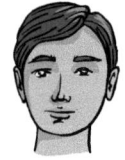

頭

madax

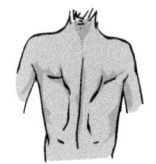

背部
dhabar

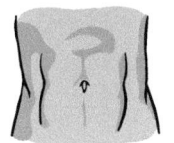

肚子
calool

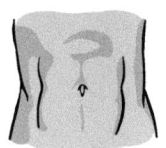

肚臍
xuddun

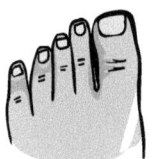

腳趾
suul

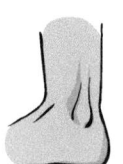

腳後跟
cirib

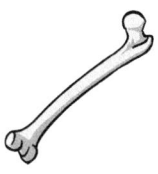

骨頭
laf

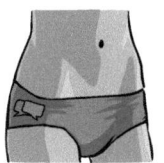

臀部
sin

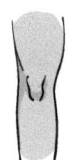

膝蓋
jilib

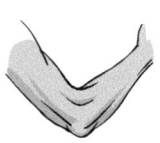

手肘
xusul

鼻子
san

屁股
bari

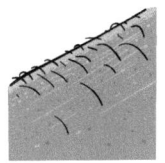

皮膚
maqaar

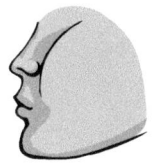

臉頰
dhafoor

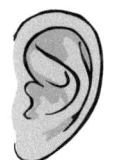

耳朵
dheg

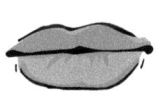

嘴唇
bishin

嘴
af

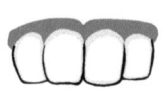

牙齒
ilig

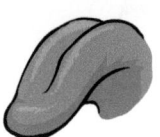

舌頭
carrab

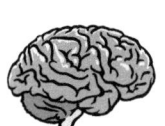

腦
maskax

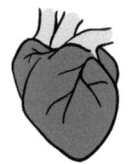

心臟
wadno

肌肉
muruq

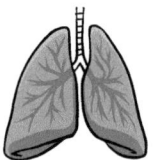

肺
sambab

肝臟
beer

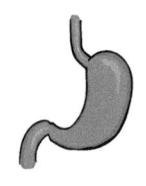

胃
uur kujirta caloosha

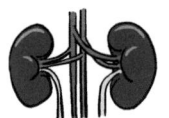

腎臟
kelyo

性交
galmo

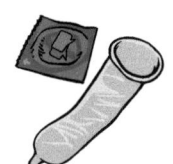

保險套
cinjir-galmo

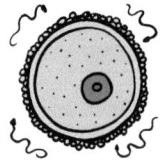

卵子
ugxan

精子
shahwo

懷孕
uur

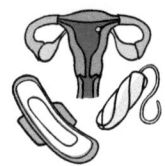

月事

caado

陰道

siil

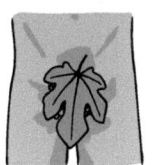

陰莖

gus

眉毛

suni

頭髮

timo

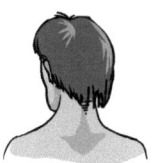

脖子

qoor

醫院
isbitaal

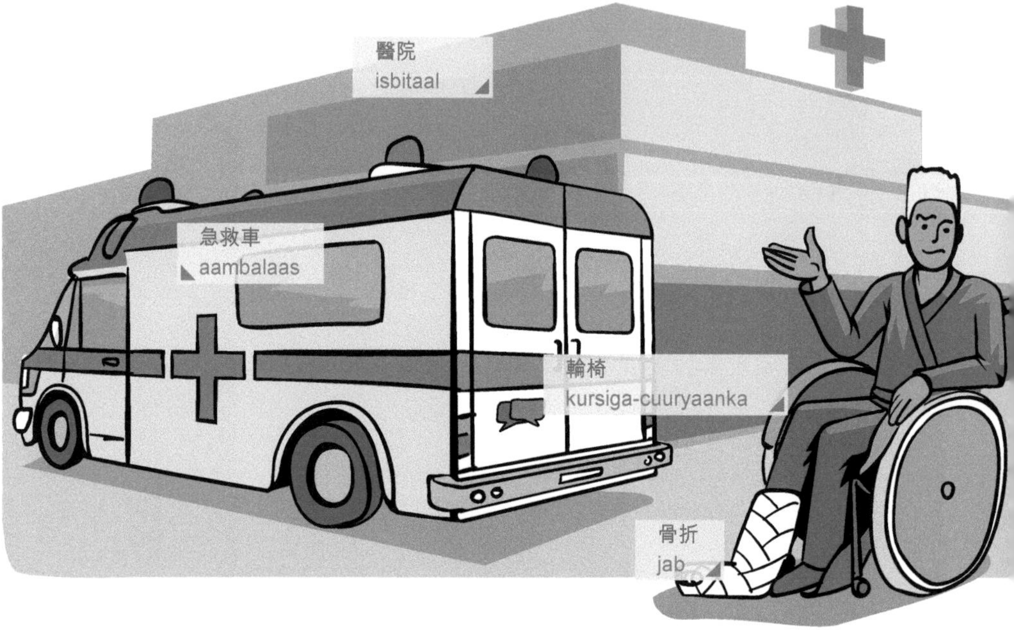

醫院
isbitaal
急救車
aambalaas
輪椅
kursiga-cuuryaanka
骨折
jab

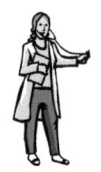

醫師

dhakhtar

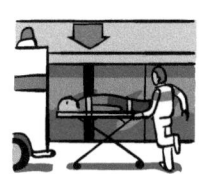

急診室

qolka xaaladaha-degdega ah

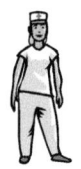

護理師

kalkaaliye

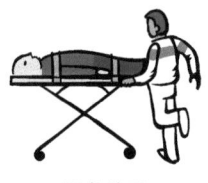

緊急情形

xaalad deg-deg ah

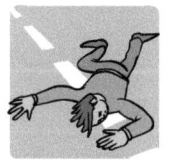

昏迷

miyir-beelsan

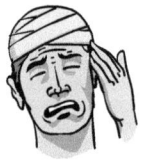

痛

xanuun

受傷
dhaawac

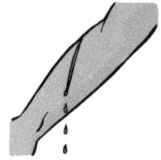

出血
dhiig-bax

心臟病發作
wadno-xanuun

中風
qallal

過敏
xasaasiyad

咳嗽
qufac

發燒
qandho

流感
hargab

腹瀉
shuban

頭痛
madax-xanuun

癌症
kansar

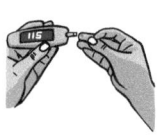

糖尿病
cudurka sokoroow

外科醫師
dhakhtarka-qalliinka

手術刀
mindida qalliinka

手術
qalliin

電腦斷層掃描

iskaan

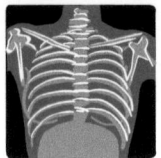
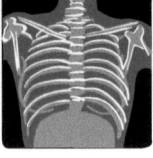

X光

raajo

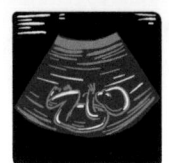

超音波

dhawaaq-xawaareed

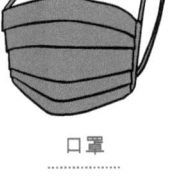

口罩

maaskaro

疾病

cudur sokoroow

候診室

qolka sugitaanka

拐杖

ul lagu boodo

石膏

kab

繃帶

faashato

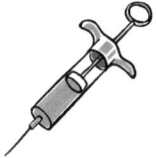

注射

duris

聽診器

wadne-dhegeyeste

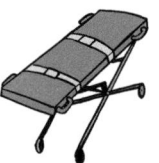

擔架

balankiino

體溫計

heer-kul-beega qandhada

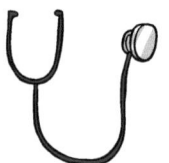

出生

dhalasho

超重

aad-u-cayilan

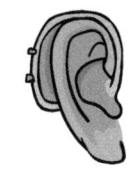

助聽器

maqal-caawiye

消毒液

jeermis-dile

感染

caabuq

病毒

feyras

愛滋病

AYDHIS/HIV

藥物

daawo

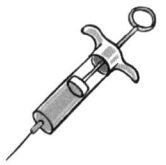

接種疫苗

tallaal

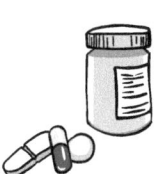

藥片

kaniiniyo

藥丸

kaniin

急救電話

wicitaan deg-deg ah

血壓計

cabbiraha dhiig-karka

生病/健康

xanuunsan / caafimaadsan

救命！

i caawiya!

警報

sawaxan

突擊

weerar-kadisa ah

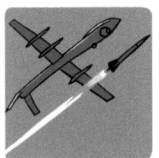

攻擊

weerar

危險

khatar

緊急出口

irridda bixida xaalad-deg-
deg

失火了！

dab!

滅火器

dab demiye

意外

shil

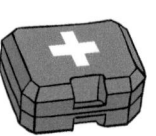

急救箱

saduuqa xaalada-degdega
ah

呼救訊號

codsi badbaado

員警

booliis

歐洲

Yurub

北美洲

woqooyiga ameerika

南美洲

koonfurta ameerika

非洲

Afrika

亞洲

Aasiya

澳洲

Oostareeliya

大西洋

Atlaantik

太平洋

Pacific

印度洋

Bad-waynta hindiya

南冰洋

Bad-waynta antarctica

北冰洋

Bad-waynta arctic

北極

cirifka waqooyi

南極
cirifka koonfureed

南極洲
Antarctica

地球
dhul

陸地
dhul

海
bad

島
jasiirad

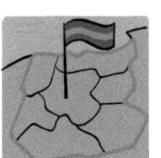

國家
waddan

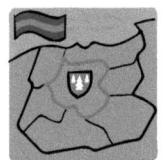

州
gobol

錶盤

wajiga saacadda

時針

gacanka saacada

分針

gacanka daqiiqada

秒針

gacanka ilbiriqsiga

現在幾點？

waa intee saac?

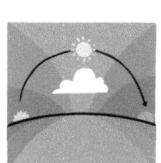

天

maalin

時間

wakhti

現在

hadda

電子錶

saacadda jiifarrada

分

daqiiqad

時

saacad

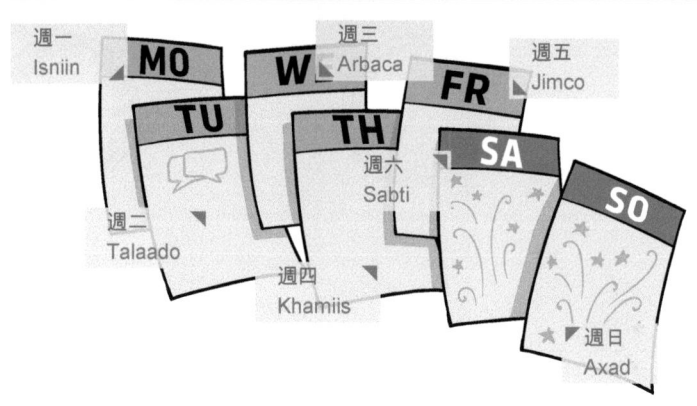

週一 Isniin
週三 Arbaca
週五 Jimco
週二 Talaado
週六 Sabti
週四 Khamiis
週日 Axad

昨天

shalay

今天

maanta

明天

berri

早晨

subax

中午

duhur

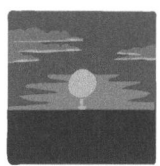

晚上

casir

工作日

maalmaha shaqo

週末

dabayaaqada usbuuca

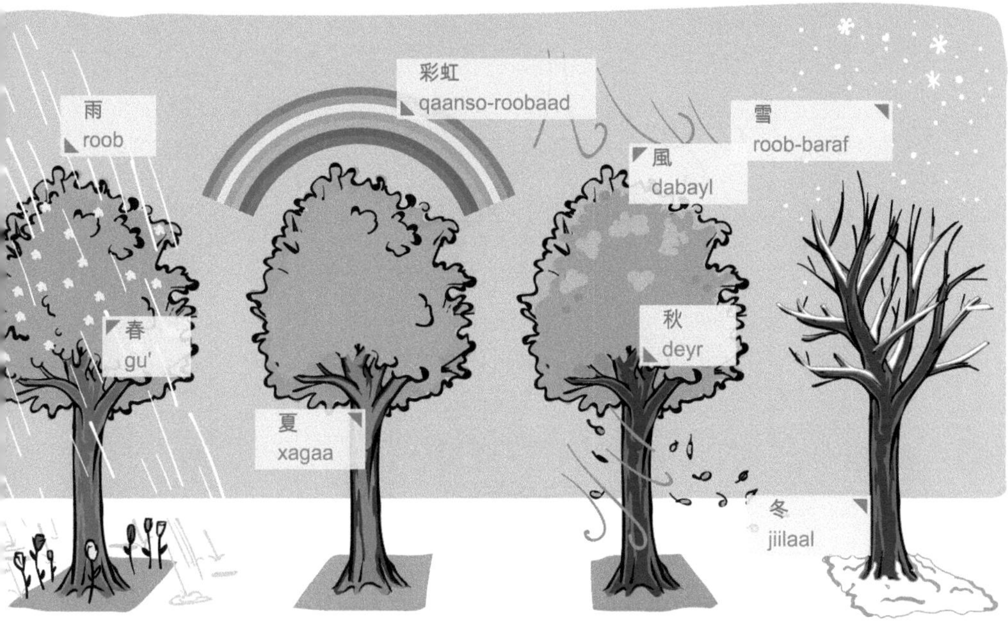

彩虹
qaanso-roobaad
雨
roob
雪
roob-baraf
風
dabayl
春
gu'
秋
deyr
夏
xagaa
冬
jiilaal

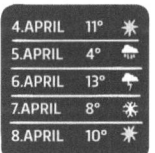

4.APRIL 11°
5.APRIL 4°
6.APRIL 13°
7.APRIL 8°
8.APRIL 10°

天氣預告
saadaal hawo

F C
120 40
90 30
60 20
30 10
0 0
-30 -10
-20

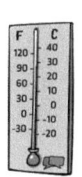

溫度計
heer-kul baare

陽光
qorraxeed

雲
daruur

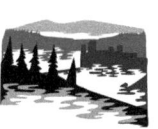

霧
ceeryaamo

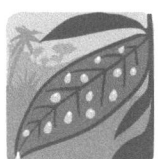

潮濕
huur

閃電

jac

打雷

onkod

風暴

duufaan

冰雹

roob-baraf

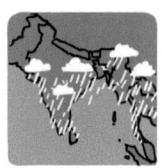

季風

maansuun

洪水

daad

冰

baraf

一月

Jannaayo

二月

Febraayo

三月

Maarso

四月

Abriil

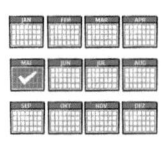

五月

Mey

六月

Juun

七月

Luulyo

八月

Agoosto

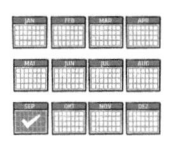

九月

Sebteember

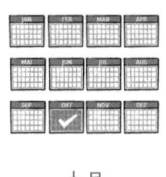

十月

Oktoobar

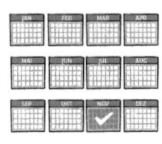

十一月

Nofeember

十二月

Diseember

形狀

qaababka

圓形

goobaabo

正方形

afar-gees

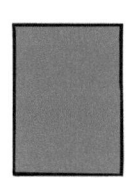

長方形

leydi

三角形

saddex-xagal

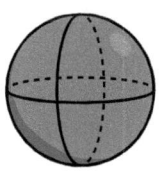

球體

wareeg

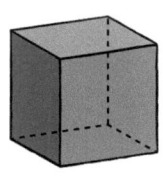

立方體

bokis

白
....
caddaan

黃
....
hurdi

橙
....
oranji

粉
....
guduud-khafiif

紅
....
casaan

紫
....
carwaajis

藍
....
bluug

綠
....
cagaar

棕
....
boroon

灰
....
cawl

黑
....
madow

很多/少許

badan / yar

生氣/平靜

caro / daganaan

美/醜

qurxoon / foolxun

首/尾

billow / dhammaad

大/小

yar / weyn

明/暗

iftiin / mugdi

兄弟/姐妹

walaalkaa / walaashaa

乾淨/骯髒

nadiif / wasakhaysan

完整/缺失

buuxa / dhantaalan

白天/晚上

maalin / habeen

死/生

dhintay / nool

寬/窄

ballaaran / ciriiri ah

可食用/非食用

la cuni karo / aan la cuni karin

邪惡/善良

arxan-daran / naxariis-badan

興奮/無聊

faraxsan / caajisan

胖/瘦

buuran / caateysan

第一/最後

ugu horeeya / ugu dambeeya

朋友/敵人

saaxiib / cadaw

滿/空

maran / buuxa.

硬/軟

adag / jilicsan

重/輕

culus / fudud

餓/渴

gaajo / oon

生病/健康

xanuunsan / caafimaadsan

非法/合法

sharci-darro / sharci

聰明/愚笨

caaqil / dabbaal

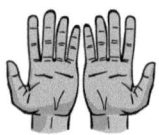

左/右

bidix / midig

近/遠

dhow / fog

新/舊
cusub / duug

沒有/有些
waxba / wax

老/幼
da' / dhalinyar

開/關
daaris / damin

打開/闔上
furan / xiran

安靜/吵鬧
aamusnaan / cod-dheer

富/窮
taajir / sabool

對/錯
sax / khalad

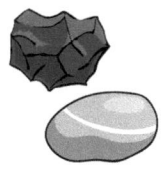
粗糙/光滑
jilif leh / sabiibax

傷心/高興
murugsan / faraxsan

短/長
gaaban / dheer

慢/快
tartiib / dhaqsi

濕/乾
qoyaan / qalleyl

溫暖/涼爽
qandac / qabow

戰爭/和平
dagaal / nabad

0

零

eber

1

一

kow

2

二

laba

3

三

saddex

4

四

afar

5

五

shan

6

六

lix

7

七

toddoba

8

八

sideed

9

九

sagaal

10

十

toban

11

十一

kow iyo toban

12
十二
laba iyo toban

13
十三
sadex iyo toban

14
十四
afar iyo toban

15
十五
shan iyo toban

16
十六
lix iyo toban

17
十七
todoba iyo toban

18
十八
sideed iyo toban

19
十九
sagaal iyo toban

20
二十
labaatan

100
百
boqol

1.000
千
kun

1.000.000
百萬
malyuun

英語

Af ingiriis

美式英語

Ingiriiska Mareykanka

普通話

Mandariinka Shiinaha

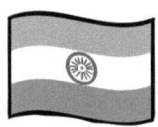

印地語

Hindi

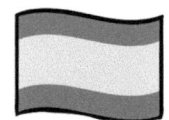

西班牙語

Boortaqiis

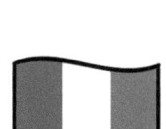

法語

Faransiis

阿拉伯語

Carabi

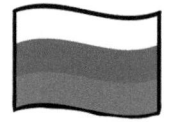

俄語

Ruush

葡萄牙語

Boortaqiis

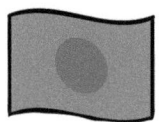

孟加拉語

Bengaali

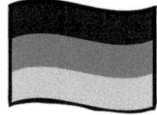

德語

Jarmal

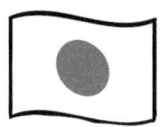

日語

Jabaaniis

我

aniga

你

adiga

他/她/它

asaga / ayada

我們

annaga

你們

idinka

他們

ayaga

誰？

kee?

什麼？

maxay?

如何？

sidee?

何處？

xagee?

何時？

goorma?

名字

magac

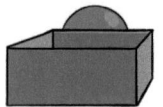

後面

gadaal

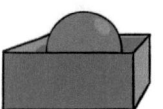

裡面

gudaha

前面

horta

上方

ka sare

上面

dusha

下麵

ka hooseeya

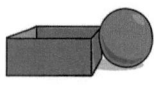

旁邊

dhinac

中間

u dhexeeya

地點

meel